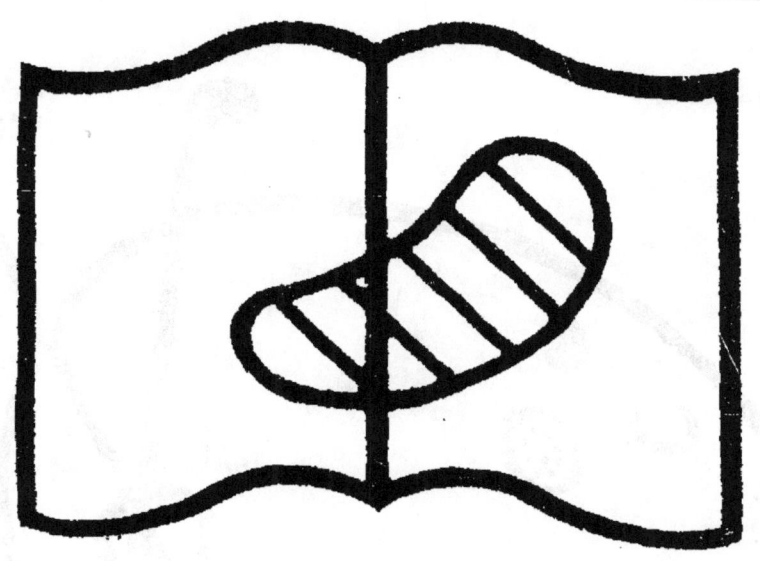

Illisibilité partielle

VALABLE POUR TOUT OU PARTIE DU DOCUMENT REPRODUIT.

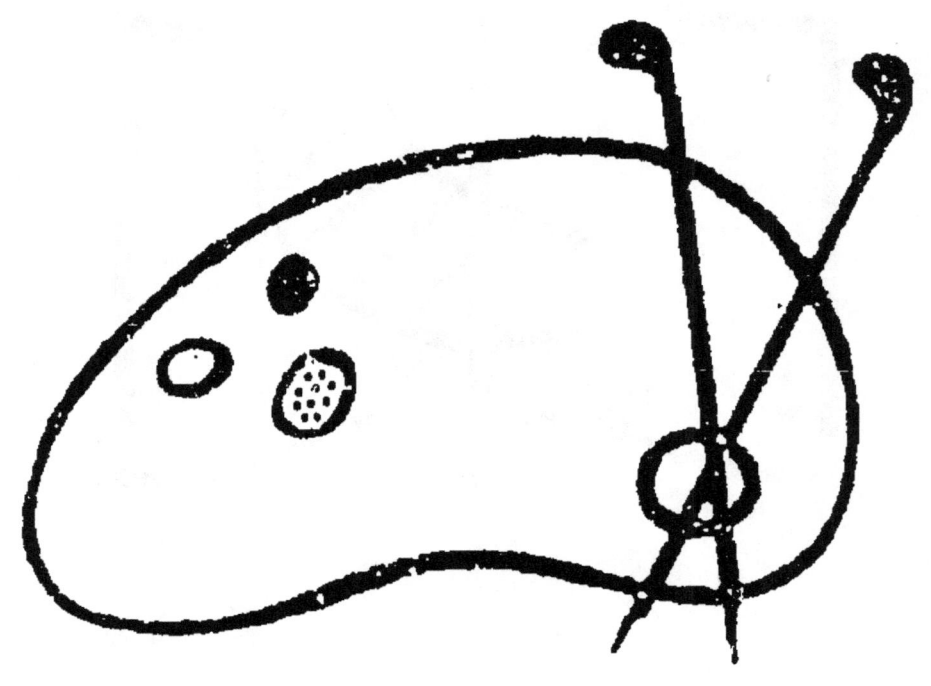

Couvertures supérieure et inférieure
en couleur

UNE
DEMI-DOUZAINE DE LETTRES INÉDITES

ADRESSÉES PAR DES HOMMES CÉLÈBRES

AU

MARÉCHAL DE GRAMONT

PUBLIÉES

PAR

PHILIPPE TAMIZEY DE LARROQUE

AUCH

IMPRIMERIE ET LITHOGRAPHIE G. FOIX, RUE BALGUERIE

1884

A Monsieur L. Delisle
son reconnaissant confrère et ami
F. de L.

UNE
DEMI-DOUZAINE DE LETTRES INÉDITES

UNE
DEMI-DOUZAINE DE LETTRES INÉDITES

ADRESSÉES PAR DES HOMMES CÉLÈBRES

AU

MARÉCHAL DE GRAMONT

PUBLIÉES

PAR

PHILIPPE TAMIZEY DE LARROQUE

AUCH

IMPRIMERIE ET LITHOGRAPHIE G. FOIX, RUE BALGUERIE

1884

Extrait de la REVUE DE GASCOGNE.
TIRÉ A PART A 100 EXEMPLAIRES.

UNE

DEMI-DOUZAINE DE LETTRES INÉDITES

M. A. Communay, le fondateur de la *Revue historique du Béarn et de la Navarre*, revue qui ne vécut, hélas! que *ce que vivent les roses, l'espace d'un matin*, avait formé le projet d'y insérer une longue série de documents inédits relatifs à l'histoire de la maison de Gramont. Comme, de mon côté, j'avais recueilli bon nombre de pièces qui complétaient son dossier, il avait été convenu que nous réunirions fraternellement nos trouvailles et que, cette fusion faite, nous publierions ensemble les *Lettres inédites du maréchal de Gramont et de divers membres de sa famille, suivies de quelques lettres écrites au maréchal.* Tel était le titre que nous voulions donner à notre publication, déjà préparée en grande partie. La brusque disparition du recueil sur lequel nous avions établi tant d'espérances, m'a laissé maître des documents que mon malheureux collaborateur avait eu la patience de rechercher et de transcrire. Après une longue attente, comprenant que l'association, si tristement brisée, ne pourra jamais se reconstituer, je me décide à détacher des copies qui m'ont été remises par M. Communay, quand il a quitté la France, six lettres, dont les originaux lui avaient été communiqués par M. le comte de Gramont d'Aster, lequel en avait autorisé la mise en lumière. Ces lettres, adressées au plus illustre de tous les Gramont, Antoine III, d'abord comte de Guiche, puis (novembre 1648) duc de Gramont, ont pour signataires des écrivains aussi élégants que Voiture (n° i, ii) et que Balzac (n° iii), un magistrat aussi éminent que Lamoignon (n° iv), un homme du monde aussi distingué que le duc de Richelieu (n° v), un orateur aussi éloquent que Bourdaloue (n° vi) (1). En publiant ces documents, si précieux à divers titres, je tiens à payer deux dettes, une dette de reconnaissance à M. le comte de Gramont d'Aster, qui s'est montré si gracieux et si libéral pour nous, une dette de sympathie à M. Communay, qui avait si vaillamment travaillé, pendant plus de dix années, à recueillir d'innombrables pièces pour servir à l'histoire du Béarn et de la Navarre et qui, par ce noble zèle dans lequel se confondaient l'amour de la science et l'amour du pays natal, comme par ses grandes qualités de cœur, méritait une meilleure destinée.

Philippe TAMIZEY DE LARROQUE.

Gontaud, 1er décembre 1883.

---

(1) Tous ces personnages sont si connus, que je croirais faire injure à mes chers lecteurs en les leur présentant. Rappelons donc seulement leur âge en regard de l'âge de leur spirituel correspondant. Antoine III de Gramont naquit à Hagetmau en 1604; Vincent Voiture, à Amiens, en 1598; Jean-Louis Guez de Balzac, à Angoulême, en 1597; Guillaume de Lamoignon, à Paris, en 1617; Armand-Jean Du Plessis, duc de Richelieu, à Paris, en 1629; Louis Bourdaloue, à Bourges, en 1632.

I

A Monsieur le comte de Guiche.

Monsieur,

Après avoir fait un grand siège et deux petis et avoir esté trois semaines en Flandre sans équipage, n'est-il pas vray que c'est un grand rafraîchissement que d'aller assiéger Bapaume (1) et de recommencer tout de nouveau au mois de septembre comme s'y l'on n'avoit rien fait. Les chevaliers du temps passé en avoient ce me semble meilleur marché que ceux d'à cette heure, car ils en estoient quittes pour rompre cinc ou six lances par semaine et pour donner de fois à autres quelques coups d'espée; le reste du tems ils cheminoient en liberté par de belles forest et de belles campagnes, le plus souvent avec une demoiselle ou deux, et depuis le roi Pcerion de Gaule jusques au dernier de la race des Amadis, je ne me souviens pas d'en avoir veu pas un empesché à faire une circonvallation, ou à ordonner une tranchée. Sans mentir, Monsieur, la fortune est une grande trompeuse; bien souvent en donnant aux hommes des biens, des charges et des honneurs, elle leur fait de mauvais presens (2) et elle vend bien cherement ce qu'il nous semble qu'elle donne. Car, enfin, sans considérer le hazard du fer et du plomb (car cela ne vaut pas la peine d'en parler) et supposant que vous combattiés tousjours souz des armes enchantées, vous ne scauriez empescher que la guerre ne vous retranche une partie de vos plus beaux jours; elle vous oste six mois de cete année, et d'après ce compte, à vous qu'elle

---

(1) La ville de Bapaume (Pas-de-Calais) fut prise le 18 septembre 1641, après huit jours de siège. On lit dans les *Mémoires de Puységur* (édition de 1883, t. II, p. 1-2) : « le roi étant à Péronne envoya par monsieur de Meilleraye le bâton de maréchal de France à monsieur le comte de Guiche, qui était lieutenant-général de l'armée. » Ce fut le 21 septembre que le comte de Guiche reçut le bâton de maréchal en récompense de la grande part qu'il prit au siège de Bapaume.

(2) C'est ce qu'a répété La Fontaine en ce distique célèbre (*Philémon et Baucis*) :

« Il lit au fond de ceux qu'un vain luxe environne
Que la *fortune vend ce qu'on croit qu'elle donne*. »

De même que La Fontaine avait emprunté le mot à Voiture, Voiture l'avait emprunté à Montaigne (*Essais*, livre II, chapitre XX). Montaigne, à son tour, l'avait tiré du poète Epicharme, lequel, de son côté, avait dû le prendre ailleurs. Y-a-t-il quelque chose de nouveau sous le soleil?

laisse vivre, elle vous a osté depuis quinze ans près de la moitié de vostre vie. Cependant, Monsieur, il est vray que ceux qui la font avec tant de gloire que vous y doivent trouver de grands charmes et sans mentir, ce consentement de tout un peuple avec tous les honestes gens à mettre un homme au-dessus des autres, est une chose si douce qu'il n'y a point d'ame bien faite qui n'en doive estre touchée, ny de travail que cela ne puisse rendre suportable. Pour moy (car je prétens avoir aussy bien que vous ma part des incommodités de la guerre, puisqu'elle m'oste l'honneur de vous voir), je vous avoue que vostre réputation me console de vostre absence, et quelque plaisir qu'il y ait de vous ouir parler, j'ayme autant celuy d'ouir parler de vous. Je souhaite neantmoins, Monsieur, que vous veniés bien tost icy jouir en repos de la gloire que vous aves acquise et qu'après tant de peines et tant de courses vous ayés le plaisir tout cest hiver d'aller quelque tems qu'il fasse deux ou trois fois la semaine de Paris à Ruel (1) et de Ruel à Paris. Alors je vous diray à loisir les alarmes ou j'ay esté pour vous et la passion avec laquelle je suis,

    Monsieur,

Votre tres humble et tres obéissant serviteur,
                Voiture.

A Paris, le 19 de septembre (1641) (2).

Depuis avoir escrit ma lettre (3) j'ay apris la prise de Bapaume et que vous alliés à La Bassée. Dittes moy je vous suplie très humblement, Monsieur, qui vous eut dit au commencement de cette campagne : vous irés assiéger Aire, après il vous faudra prendre

---

(1) Chez le cardinal de Richelieu qui avait une si agréable maison de campagne dans ce village (Seine-et-Oise). Voir sur cette maison une note de M. Paulin Paris (*Historiettes de Tallemant des Réaux*, t. I, p. 220). Voiture, souvent employé dans des missions diplomatiques, était un des familiers du grand ministre.

(2) Cette lettre a été déjà publiée dans plusieurs éditions des Œuvres de Voiture, notamment dans les *Lettres et poésies de M. Voiture* (Paris, 1669, in-12) et dans l'édition donnée par M. A. Vbicini, chez Charpentier (Paris, 1855, t. I). Mais cette lettre a été si mal publiée, que l'on ne sera pas fâché d'en retrouver ici un texte absolument conforme à l'original. Il serait trop long de relever tous les passages où les expressions de l'auteur ont été infidèlement reproduites, soit de notre temps, dans les trois éditions Roux, Vbicini et Vzanne, soit au XVII° siècle.

(3) Ce curieux *post-scriptum* n'a été inséré dans aucune des éditions que nous venons de citer. On voit que si notre document n'est pas entièrement inédit, il est, en quelque sorte, presque entièrement nouveau.

Lans, ensuite La Bassée; de là vous irès brusler les faubours de Lisle et ravager la Flandre (1), puis vous reviendrez assieger Bapaume et après l'avoir pris vous irés faire lever un siège aux ennemis ou entreprendre quelque autre chose; n'eussiez-vous pas aussy tost entrepris d'aller à la cour de l'admiral Gaudisse couper en sa presence la teste à un de ses barons, luy arracher quatre dens machelières et une poignée de la barbe, et l'obliger à envoyer tous les ans trois cens viautres (2) et trois cens pucelles. Sans mentir, vous estes de terribles gens de faire toutes les choses que vous faites et je ne crois pas que le Roy Obéron (3) ne soit avecque vous (4).

II

A Monseigneur le Maréchal de Guiche (5)

Monseigneur,

Ayant tousjours pris tant de part à toutes vos bonnes fortunes, il ne peut estre que je n'en prenne aussy aux mauvaises et que la nouvelle qui nous est icy venue ne m'ayt mis en une extreme peine (6). Je ne doubte pas, Monseigneur, qu'estant aussi sage que vous estes, vous ne vous soiés préparé il y a long temps à ce qui est

---

(1) Sur tous ces évènements militaires on peut consulter les *Mémoires de Puységur*, déjà mentionnés, et les rapprocher des *Mémoires de Montglat*. Les deux narrateurs se complètent l'un l'autre.

(2) S'agit-il de *vautres*, sorte de chiens destinés à la chasse de l'ours et du sanglier?

(3) Est-il besoin de rappeler qu'Obéron est, dans la mythologie scandinave, le roi des génies de l'air et qu'il a été délicieusement chanté par Shakepeare et par Wieland!

(4) On connaît trois autres lettres imprimées de Voiture au maréchal de Gramont, une du 6 octobre 1640, bien digne du « père de l'ingénieuse badinerie, » comme l'appelle Tallemant des Réaux (t. III, p. 58), où, à propos d'un combat du 2 août précédent sous les murs d'Arras, il reproche au brillant mestre de camp de l'armée du maréchal de la Meilleraie son trop bouillant courage; une, du 22 septembre 1641, où il le félicite de sa promotion à la charge de maréchal de France, enfin, une du mois d'avril 1644, où il lui exprime sa sympathie à l'occasion de la mort de son père, mais où il mêle à ses compliments de condoléance des plaisanteries de mauvais goût qui ont été justement critiquées par Voltaire.

(5) Le nouveau maréchal resta quelques années sans prendre le nom de Gramont. « Alors [à la date de 1642], dit Tallemant des Réaux (t. III, p. 176), il ne s'appelloit que le maréchal de Guiche. »

(6) La nouvelle de la bataille d'Honnecourt (26 mai 1642), où le maréchal de Gramont fut battu par le général don Francisco de Mello. Voir sur ce combat les *Mémoires de Puységur* (t. II, p. 12). Ce vaillant capitaine assure que le combat où il fut fait prisonnier avait été livré contre son avis.

aveuu à cette heure et qu'il ne vous ait passé beaucoup de fois par l'esprit que les mesmes accidens dont les plus grands et mesmes les plus heureux capitaines du monde ne se sont pu garantir vous pourroient bien aussi arriver ; neantmoins quelque sagesse et quelque constance que vous puissiez avoir, il est impossible que ce malheur ne vous ait esté très sensible d'abord et qu'il ne vous fasche extrêmement d'avoir apris par experience que la prudence et la conduite ne sont pas tout à la guerre et que quelque valeur qu'ait un chef (1), il ne se peut pas respondre de l'evenement d'une chose qui s'execute par tant d'autres mains. Mais, Monseigneur, ce ne vous doit pas estre ce me semble une petite consolation de voir que dans ce malheur tous les honnestes gens vous plaignent et que pas un ne vous accuse, et que Son Eminence, laquelle je m'asseure que vous considerés en ce rencontre autant que tout le reste des autres hommes, tesmoigne hautement que vous ne sauriés estre blasmé de ce mauvais succès, et qu'il est arrivé sans qu'il y ait le moins du monde de vostre faute (2). Pour moy, Monseigneur, qui dans cette affaire n'ay guère moins de besoin d'estre consolé que vous et qui en suis depuis quelques jours dans une tristesse extraordinaire, je vous avoue que je reçois quelque soulagement de voir le sentiment général de tout le monde en vostre faveur et d'apprendre de jour en jour, par toutes les relations qui nous viennent, qu'ayant tesmoigné dans cette occasion toute la prevoiance, la valeur et la résolution que l'on pouvoit attendre de vous, l'on ne peut pas dire que rien vous y

---

(1) Qui croirait après cela que la bravoure du maréchal de Gramont a été très contestée? Voir ce qu'en dit Tallemant de Réaux au début de l'historiette sur Antoine III (t. III, p. 174). Ce fut surtout la perte de la bataille d'Honnecourt qui déchaîna contre le maréchal l'injuste colère des pamphlets et des vaudevilles. On alla jusqu'à donner à certains grands éperons l'injurieux surnom d'*éperons à la Guiche*.

(2) Voiture — quoique diplomate — ne mentait pas..... en cette occasion. On lit dans le recueil de M. Avenel (t. VI, p. 926) : « Richelieu écrivait une lettre toute remplie des plus amicales consolations au maréchal de Guiche, pour lequel il sentait d'ailleurs la plus tendre bienveillance : *Les hommes*, lui mandait-il [le 5 juin, c'est-à-dire le lendemain du jour où il avait reçu la mauvaise nouvelle] *font ce que la prudence et les occasions pressantes leur suggèrent, mais les événements sont en la main de Dieu. Il n'y a point de capitaine au monde qui ne puisse perdre un combat, et, quand ce malheur arrive, on doit estre consolé quand on a faict tout ce qu'on a pu et deu pour le gaigner. Consolés-vous donc, mon pauvre comte, et n'oubliés rien de ce qui dépendra de vous pour faire que l'accident qui vous est arrivé n'ait point de mauvaises suites. Si j'avois un bon bras je vous l'offrirois ; mais en quelque estat que je sois, je suis entièrement à vous.* »

ait manqué que la fortune. J'espère que dans peu de temps elle réparera l'infidélité qu'elle vous a faite et que par quelque chose d'extraordinaire elle se reconciliera bien tost avecque vous. Je le souhaite plus ardemment que je nay rien désiré de ma vie et avec toute la passion que vous pouvés vous imaginer en une personne qui est par tant de raisons,

Monseigneur,

Votre tres humble et tres obeissant serviteur,
VOITURE (1).

A Montpellier, le 13 de juin (1642) (2).

III

A Monseigneur Monseigneur le duc de Gramont, mareschal de France.

Monseigneur,

Trouvés bon que j'accompagne le présent de monsieur de Forgues (3) d'un autre petit présent qui peut-estre ne vous sera pas

---

(1) Je ne crois pas que dans tout le recueil des lettres de Voiture il y en ait une seule qui soit mieux écrite que celle-ci. Grave, éloquente, elle est vraiment digne d'être adressée à celui dont Mme de Motteville, si bon juge des choses de l'esprit, a vanté l'éloquence. (*Mémoires*, t. I, p. 354.) Je me permettrai de renvoyer le lecteur qui voudrait bien connaître Voiture aux deux volumes des *Lettres de Chapelain* dont je viens d'achever la publication. On y trouvera cent piquants détails sur l'ami de Mlle Paulet. J'ai dit dans une note du premier volume de mon recueil (p. 148) : « M. Dusevel, membre non résidant du Comité des travaux historiques, a publié, dans les *Mémoires* de l'Académie d'Amiens, une notice intitulée *Voiture jugé par Balzac*, composée à l'aide de renseignements puisés dans la correspondance inédite de Balzac, que renferme le tome I des nouveaux *Mélanges historiques* (1873). Espérons que le même érudit pourra donner une suite à son étude sous le titre de *Voiture jugé par Chapelain.* » M. Dusevel est malheureusement mort avant la publication de mon second volume. Mais quelque autre érudit de Picardie nous fournira sans doute l'occasion de citer, à cet égard, le mot de Virgile sur le rameau d'or : « *Uno avulso non deficit alter.* »

(2) Voiture passait par Montpellier en allant en Espagne et en revenant de ce pays, où il fut si souvent chargé de petites missions diplomatiques.

(3) Il s'agit là de Bernard de Forgues, maréchal des camps et armées du roi, qui avait épousé la nièce de Balzac, Mlle de Campaignol, laquelle par un envoi de fleurs a inspiré à son oncle une des plus jolies lettres du grand recueil de 1665. (*A Mademoiselle de Campagnole*, 15 décembre 1637, p. 442).

désagréable. Pour le moins il ne vous doit pas estre suspect, puis que Madame vostre sœur (1) en a fait l'essay et qu'en matière de viandes spirituelles il se peut dire qu'elle a acquis la perfection du goust. C'est donc sur sa parolle que je vous envoie mon Socrate (2), et sur l'asseurance qu'elle me donne que le service du roy ne vous occupe pas de telle façon (quoyque vous le faciés d'une admirable manière) qu'après les heures des affaires, vous n'en aiés quelques-unes de divertissement. De l'autre costé, Monseigneur, on m'a dit une nouvelle dont j'ay esté un peu surpris et qui me fait appréhender pour celuy que je vous envoie. Aiant sceu d'un Père Jésuite, nouvellement arrivé de Pau, que vous avés fait de grands progrès dans la piété, et particulièrement que vous vous adonnés à l'oraison mentale (3), je crains que cette estroite familiarité que vous avés contractée avecque Dieu ne vous desgoutte de toute autre sorte d'entretien. Vous estant eslevé si haut, vous ne pouvés venir jusqu'à moy, sans descendre de plusieurs degrés. Et ce n'est pas assés que mon Socrate soit chrestien et catholique; je voy bien que pour estre à vostre usage, il faudroit qu'il fust dévot et contemplatif. Si un jour je l'augmente de quelques chapitres, je tascheray par une plus sainte estude de le rendre plus digne de vous; et si je scavois le stile de vos méditations, je m'esforcerois d'y accomoder le mien. De tout temps j'ay tiré de la gloire de vous avoir plu. Et, en effet, ce n'est pas peu, Monseigneur, de plaire à un homme qui, n'aiant que de saines passions, ne peut avoir que de légitimes plaisirs. Je ne veux pas pourtant rien entreprendre sur les bons Pères, et comme je leur laisse la direction de vostre conscience, je ne leur dispute pour la préférence de vostre esprit. Leurs livres vous peuvent fournir d'utiles instructions; il me suffit que vous trouviés dans les miens d'honnestes amusemens et que je vous deslasse, après que les docteurs

Dans ce même recueil on trouve (p. 616) une lettre où Balzac remercie le maréchal de Gramont (14 janvier 1645) d'avoir protégé M. de Forgues : « Les bontés que vous avez pour mon neveu, sont des bontés que je vous ay. Aussi je les reçois avec tous les sentiments de reconnaissance, qui peuvent naistre dans l'âme d'un homme de bien, etc.).

(1) Charlotte-Catherine de Gramont, abbesse de Notre-Dame de Ronceray.
(2) *Socrate Chrestien, par le sieur de Balzac et autres œuvres du même.* Paris, Aug. Courbé, 1652, in-8°.
(3) On ne se figure guères le maréchal de Gramont si avancé dans la piété, si *adonné à l'oraison mentale.* Evidemment le bon père de qui Balzac tenait ces beaux renseignements, avait surfait la dévotion du gouverneur du Béarn et de la Navarre.

vous ont occupé. Mon ambition ne passe pas outre, n'espérant pas estre jamais si heureux que de vous pouvoir tesmoigner par mes actions avec quelle passion je suis et j'ay tousjours esté,
    Monseigneur,
Vostre tres humble et tres obéissant serviteur.
                   BALZAC (1).
Ce 17 septembre 1652.

IV

  Monsieur,

On ne peut avoir plus de joie que je n'ay receu du voiage que vous avés faict, qui est asseurément le plus beau et le plus illustre qu'homme du monde puisse faire (2). Je vous asseure sans caiolerie que tous vos amis et serviteurs ont eu une satisfaction toute particulière de veoir l'applaudissement public que tout le monde a donné au choix que l'on a faict de vous, par dessus tous les aultres, pour une si grande et si magnifique action. Car il n'y a personne qui n'ait esté persuadé, avant mesme que vous soies parti, qu'on ne pouvoit confier la dignité d'une telle ambassade à aulcun aultre suject qui s'en peut si bien acquitter que vous. Les choses ont tellement réussi et vous y avés si parfaitement gardé toutes les mesures de la majesté de la couronne et de la galanterie d'un prince amoureux, qu'en

---

(1) Le maréchal de Gramont ne fut pas seulement le correspondant de Balzac, il en fut aussi l'hôte, comme nous l'apprend une lettre à Courart écrite deux mois après celle-ci (Recueil de 1665, p. 957, 20 novembre) : « Je vous eusse escrit il y a trois jours, si j'eusse eu une heure de loisir pour cela. Mais, monsieur le maréchal de Gramont, estant ici, il falut luy donner le jour du courrier. » Rappelons que le maréchal eut les meilleures relations avec un grand nombre d'autres hommes de lettres, notamment, sans parler de Godeau, l'évêque de Vence, avec Jean Chapelain (voir les *lettres inédites* de ce dernier, t. I, 1880, pp. 69, 71, 140, etc). Je suis heureux d'annoncer, à propos de la charmante lettre de Balzac au maréchal, qu'un des agrégés les plus distingués de l'Université, M. Jules Favre, prépare sur l'auteur du *Socrate chrétien* un grand travail littéraire qui sera un régal pour les plus délicats.

(2) Le voyage d'Espagne fait par le maréchal (octobre 1659) en qualité d'ambassadeur extraordinaire de Louis XIV, au nom duquel il alla demander la main de Marie-Thérèse. Voir les détails donnés sur le voyage et le séjour à Madrid de l'ambassadeur dans les *Mémoires du maréchal de Gramont, duc et pair de France, commandeur des Ordres du roy, gouverneur de Navarre et de Bearn, donnez au public par le duc de Gramont, son fils, pair de France* (Paris, 1716, t. II, p. 174-230).

vérité il ne se peut rien souhaiter de plus accompli. Aussi tout le monde convient que jamais l'Hespagne n'a faict tant d'honneur à aulcun homme que vous y en avés receu et qu'il semble que son roy et ses peuples aient contesté à qui vous en rendroit davantage. Mais, Monsieur, les qualités admirables de cette princesse que vous nous estes allé quérir vous doivent encor satisfaire plus que tout le reste. J'en estois desja bien persuadé par tout ce qu'on en a tousjours dict; mais ce que vous me faites l'honneur de m'en escrire augmente encor l'idée que j'en avois. Il ne reste plus que l'impatience de la posséder et je vous assure qu'en mon particulier ceste impatience est double, parceque je n'espère pas avoir l'honneur de de vous voir qu'avec elle et que je souhaite cest honneur avec autant de passion que je suis,

    Monsieur,

Vostre tres humble et tres acquis serviteur.

            De La Moignon.

A Paris, ce 9 décembre [1659] (1).

V

    Monsieur,

J'ay sceu la bonté que vous avés eue d'écouter les raisons qui m'ont obligé d'envoyer à la cour sur le sujet de ma charge (2) et que vous y avés trouvé de la justice, de quoy je vous rends grâces très humbles. Mais je ne puis que je ne vous fasse scavoir que madame

---

(1) Guillaume de Lamoignon avait été nommé premier président du parlement de Paris, l'année précédente (octobre 1658). On ne manque jamais de rappeler, à cette occasion, que Louis XIV dit au jeune magistrat en lui remettant le brevet de premier président : « Si j'avais connu un plus homme de bien, un plus digne sujet, je l'aurais choisi. » Le compliment, comme M A. Bazin l'a constaté en vain (*Histoire de France sous Louis XIII et sous le ministère du cardinal Mazarin* (seconde édition, Paris, 1846, t. IV, p. 413) ne fut pas fait par lui, mais par le ministre : « Ce fut (ainsi s'exprime l'historien), « ce fut, sans aucun doute, le cardinal Mazarin qui lui dit ce mot si souvent cité à sa gloire comme venant de Louis XIV : *Si le roi avait pu trouver un plus homme de bien que vous dans le royaume, vous n'auriez pas eu cet emploi.* » On consultera avec profit sur le grand magistrat l'excellente thèse pour le doctorat ès-lettres de M. Dejob sur le P. René Rapin, le grand ami des Lamoignon, *de Renato Rapino* (Paris, 1881).

(2) La charge de général des galères en laquelle le duc de Richelieu avait succédé à son père et dont il se démit en 1661.

la duchesse d'Aiguillon (1) ne se contentant pas de vous avoir escrit de moy comme elle a fait s'est encore vantée ici publiquement qu'elle vous avoit obligé de publier à la cour que je ruinois ma maison par la vente de mes terres et que j'envoyois faire à S. E. des propositions pour achever entièrement ma ruine. Et bien que je sois assuré que vous n'avés pas parlé de la sorte, qu'elle se vante que vous avés fait, je désire tant me conserver en l'honneur de vos bonnes grâces et de votre estime que vous aurez s'il vous plaist agréable que je vous esclaircisse sur tout ce qu'elle avance, pensant tirer ses avantages en me décriant partout autant qu'il lui est possible. Pour la ruine de ma maison, il ne faut que me connoistre un peu pour me croire incapable d'avoir une telle pensée et il ne faut pas connoistre la nature de mon bien pour sçavoir que je ne puis en disposer quand je le voudrois, puisqu'il est substitué comme il se void par le testament de feu Monsieur le cardinal qui est asses public. Mais madame d'Aiguillon se sent capable de si grandes choses qu'elle croit pouvoir oster la memoire et persuader facilement ce qui n'est pas. Toutefois, je pense ne la devoir pas craindre auprès d'une personne aussi juste que vous, car si vous avés la bonté de faire réflexion sur le procédé de madame d'Aiguillon depuis dix-huit ans, vous jugerés qu'au lieu de me prouver beaucoup de bien comme elle veut faire croire, elle a abondé à me faire tous les maux imaginables sur l'honneur, sur la réputation et sur le bien. Et après qu'elle n'a voulu liquider aucune affaire comme elle le pouvoit facilement dans les commencemens, elle se plaint de ce que je vends quelque terre, lorsque je suis condamné par des arrests à payer les debtes qu'elle n'a pas voulu accomoder. Vous sçavés, Monsieur, qu'il n'y a point d'homme qui voulut rien acheter de moy que pour le payement des créanciers de feu Monsieur le cardinal, au droit duquel il faut que

(1) Le document que l'on va lire, qui est un véritable acte d'accusation dressé par le petit neveu du cardinal de Richelieu contre la nièce de ce grand homme, est à rapprocher de l'histoire ou plutôt du panégyrique que nous devons à M. A. Bonneau-Avenant, sous ce titre : *La duchesse d'Aiguillon, nièce du cardinal de Richelieu, sa vie et ses œures charitables 1604-1675.* (Paris, Didier, 1881, in-8°). J'avais déjà publié, il y a longtemps (*Revue d'Aquitaine*, t. XI, 1867, p. 137), une très piquante lettre du duc de Richelieu à la duchesse d'Aiguillon, document tiré de la collection Godefroy, de la bibliothèque de l'Institut, et relatif au mariage du jeune duc avec l'habile veuve de François-Alexandre d'Albret, seigneur de Pons, Anne du Vigean, mariage conclu (décembre 1649) malgré la différence des âges, des fortunes et des positions, malgré le courroux de la tante du naïf époux et le mécontement de la reine de France.

l'on soit substitué pour aquérir sceurement, mesme avec omologation au parlement. Pour ce qui est des propositions qu'elle dit que j'ay voulu faire, je vous asseure que je n'en ay pas eu la pensée parce qu'ayant toujours considéré S. E. comme le protecteur de la maison, je le dois laisser agir en tout et je feray tousjours gloire de luy obeir s'il m'ordonne quoyque ce soit. Je scay bien que si je n'avois point trouvé d'obstacle dans ma famille par le decry continuel que l'on a fait de moy, il m'auroit mis en estat de soustenir avec plus d'eclat le nom que je porte, mais à cette heure que je suis dans une santé aussi forte que je puis souhaiter à toute autre que l'on ne le veut faire croire pour faire tout ce que je dois, j'espère tant de sa bonté que j'en puis attendre toute sorte de justice et de grâce. Considerés aussi, Monsieur, que madame la duchesse d'Aiguillon veut persuader qu'elle ne me fait point de tort, ny à la maison quand elle me demande deux millions, quand au sortir de son heureuse tutelle elle me laisse quatre-vingts procès (1) où il y en a dont les intérêts sont plus grands que le principal pour ne les avoir pas amortis, quand elle me retient mon gouvernement contre tout droit et raison; quand elle me veut dépouiller de ma charge pour se faire payer de ce qu'elle ne peut me demander en justice, puisque devant leur juge équitable elle m'est plus redevable que je ne luy suis, et quand elle veut me priver de la liberté d'en tirer quelque avantage, pouvant me contraindre par là à un accomodement forcé avec elle; à quoy je ne consentiray de ma vie par autre voye que par celle de la douceur. C'est de quoy je souhaitterois que vous voulussiés estre le juge, vous sçachant équitable comme vous l'estes. J'ay creu que je devois vous informer du procédé et des sentimens de madame d'Aiguillon et des miens pour me conserver vostre estime et vostre approbation que je ne voudrois pas avoir injustement. Vous y avés intérêt après tous les biens que vous avés eu la bonté de dire de moy et l'opinion avantageuse que vous avés tesmoigné en avoir. Je tascheray de ne vous donner jamais sujet de vous en repentir, voulant tousjours estre plus que personne du monde,

   Monsieur,

Vostre tres humble serviteur,
          Le duc de Richelieu.

A Paris, ce 19 de may 1660.

(1) Quatre-vingts procès, juste ciel ! N'y avait-il pas là de quoi épouvanter Chicaneau lui-même, ce héros de la délicieuse comédie des *Plaideurs* qui allait être représentée quelques années plus tard (1668)?

VI

A Paris, ce 28 de mai [1677] (1).

Maintenant que le Caresme est passé et les sermons finis, vous voulés bien, Monseigneur, que je satisfasse à mon inclination, aussi bien qu'à mon devoir, en prenant la liberté de vous entretenir un peu plus souvent, ce qui est pour moy la consolation la plus douce que j'aie dans la vie. La dernière lettre que vous m'avés fait l'honneur de m'escrire est si obligeante en toutes manières que je n'ay point de termes, Monseigneur, pour vous en exprimer ma reconnaissance, car je vous avoue qu'après vostre salut, pour lequel vous trouveriés mauvais que je n'eusse pas encor plus de zèle, il n'y a rien au monde qui me touche si sensiblement que les tesmoignages de vostre amitié (2). On attend le roy lundy prochain (3). Cela me fait espèrer qu'à moins d'une necessité absolue nous pourons vous revoir icy plustost que la Toussaints. Car en vérité le terme est un peu long pour ceux qui ont autant d'attachement que j'en ai à votre personne. Ce qui me console est ce que j'aprends de tous costés et de vous mesme, que vostre santé est, Dieu mercy, en tres bon estat. Le père Maimbourg, qui a l'honneur d'estre de vos serviteurs et qui veut contribuer à vous faire passer quelques momens de vostre retraitte, m'a mis entre les mains un exemplaire de son dernier livre *du Schisme des Grecs* pour vous le faire tenir. Cet ouvrage est très bien receu dans le public et a bien de l'approbation (4). Je l'ai envoyé à l'hostel de Grammont (5) affin que vous le receviés au

(1) Le maréchal allait mourir l'année suivante (12 juillet 1678).

(2) On voit combien étaient actives et cordiales les relations établies entre l'admirable orateur et le maréchal. Quel dommage qu'il nous reste si peu de traces de leur correspondance ! Tout le monde connaît l'exclamation du maréchal un jour qu'il était particulièrement frappé d'une éloquente tirade d'un sermon de Bourdaloue : *Mordieu! il a raison*. Jamais éloge, assure-t-on, ne parut plus flatteur à Bourdaloue.

(3) Louis XIV était à Versailles au jour annoncé. La *Gazette* du 5 juin nous l'apprend en ces termes : « Le roi arriva à deux heures, lundi, dernier jour de mai, à Versailles. »

(4) Le P. Louis Maimbourg, né à Nancy en 1610, mort à l'abbaye de Saint-Victor de Paris en 1686, allait bientôt quitter, au moment où son confrère parlait si bien du *Schisme des Grecs*, la Compagnie de Jésus (1682). Savait-on qu'il était lié lui aussi avec le maréchal de Gramont ?

(5) L'hôtel de Gramont était situé rue de Lille (*Histoire de Paris*, par Théophile Lavallée, seconde partie, 1857, p. 380.)

plus tost. Cependant, Monseigneur, je ne manque point de prier Dieu tous les jours qu'il vous continue ses graces et particulierement celles du salut que vous preferés avec raison à toutes les prosperités temporelles. Pour moy, je me suis remis à travailler des sermons nouveaux dont la composition m'occupe un peu plus que ceux des missionnaires de Baionne. Ma station, si elle ne change, est pour l'année qui vient, à Saint-Sulpice, dans le faubourg Saint-Germain. Je suis, Monseigneur, avec tout le respect que je dois,

   Vostre tres humble et tres obeissant serviteur.

             BOURDALOUE (1).

---

(1) La belle lettre que l'on vient de lire n'est certainement pas la seule lettre de Bourdaloue qui restât à paraître. Il doit en exister bon nombre encore dans les dépôts publics et dans les collections particulières. J'en recommande la recherche à l'habile critique dont le projet est de nous donner une étude définitive sur celui qui ne fut pas moins bon écrivain que grand orateur. Je demande la permission de rappeler que j'ai eu la bonne fortune de trouver en cette belle bibliothèque du Louvre, à laquelle je ne pense jamais sans un affreux serrement de cœur, une autre lettre de Bourdaloue adressée, le lundi 22 août 1695, au maréchal de Noailles, pour le féliciter de la nomination de son frère à l'archevêché de Paris. (Voir *Bulletin du bouquiniste*, du 15 décembre 1868, p. 659.) C'est de cette même source que j'avais tiré deux billets inédits de Bossuet et de Fléchier, écrits au même personnage et en la même occasion, le premier inséré dans la *Revue de Gascogne* (tome V, 1864, p. 261), le second dans le *Bulletin* d'Aubry déjà cité (tome XXIV, p. 660).

www.ingramcontent.com/pod-product-compliance
Lightning Source LLC
Chambersburg PA
CBHW071438060426
42450CB00009BA/2231